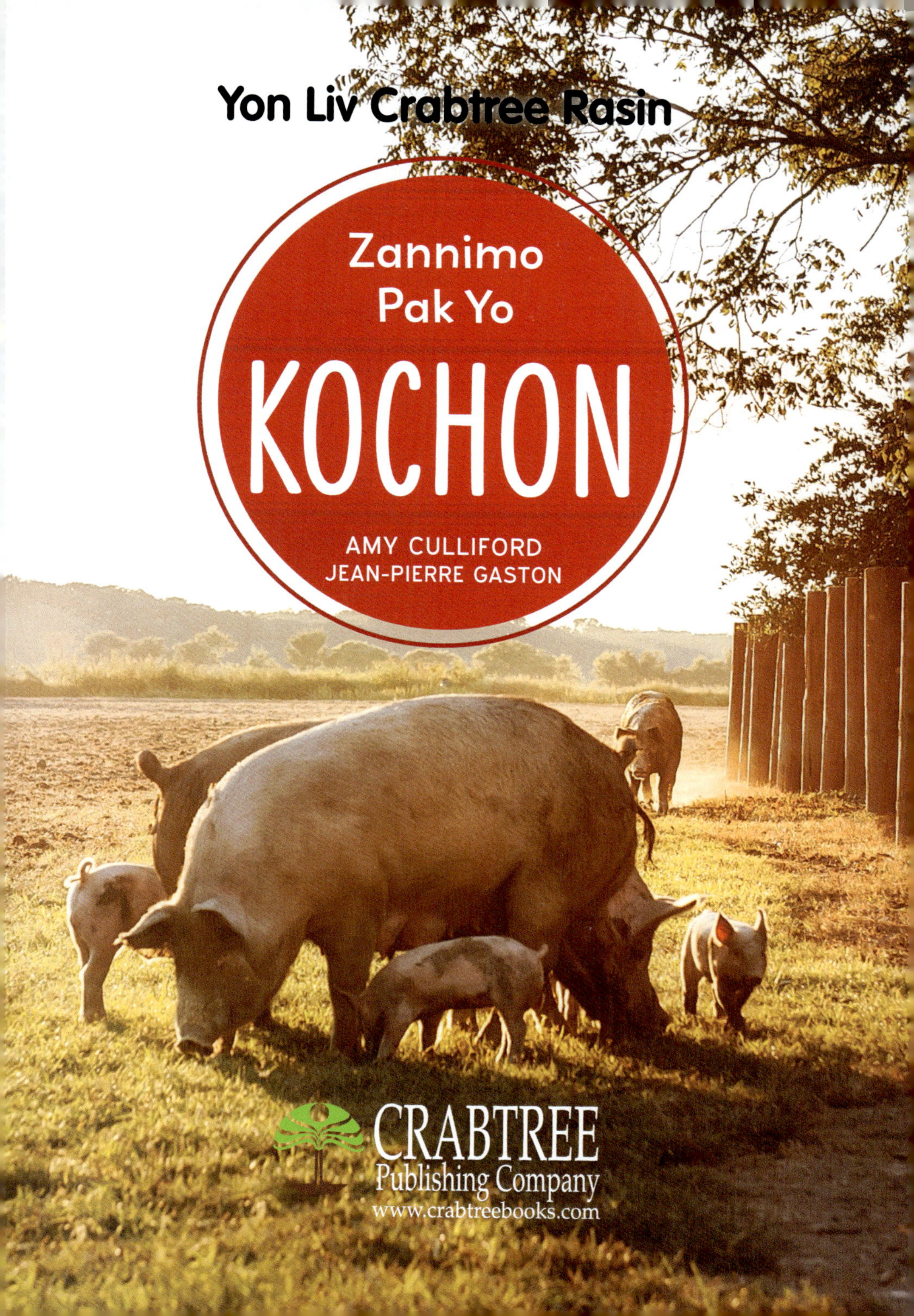

Yon Liv Crabtree Rasin

Zannimo Pak Yo

KOCHON

AMY CULLIFORD
JEAN-PIERRE GASTON

CRABTREE
Publishing Company
www.crabtreebooks.com

Sipò Lekòl A Kay Pou Moun Kap Bay Swen Ak Pwofesè Yo

Liv sa a ede timoun yo grandi lespri yo nan kite yo pratike lekti. Men kèk kesyon kap ede lektè a bati konpreyansyon konpetans yo. Epons posib yo parèt an wouj.

Anvan Lekti:

- De kisa mwen panse liv sa pale?
    - *Liv sa a se sou kochon.*
    - *Liv sa a se sou kochon kap viv nan pak yo.*

- Kisa mwen vle aprann sou sijè sa?
    - *Mwen vle aprann kisa kochon manje.*
    - *Mwen vle aprann ki koulè yon kochon ka ye.*

Pandan Lekti:

- Mwen mande poukisa...
    - *Mwen mande poukisa gen kochon ki woz.*
    - *Mwen mande poukisa kochon yo di oink.*

- Kisa mwen te aprann jiskaprezan?
    - *Mwen te aprann ke kochon ka gwo ou bien piti.*
    - *Mwen te aprann ke kochon ka gen koulè diferan.*

Aprè Lekti:

- Ki detay mwen te aprann sou sijè sa?
    - *Mwen te aprann ke kochon ka gen tach.*
    - *Mwen te aprann ke kochon ka manje anpil.*

- Li liv la ankò epi chèche mo vokabilè yo.
    - *Mwen wè mo* ***woz*** *nan paj 8 ak mo* ***tach*** *nan paj 10. Lòt mo vokabilè yo wap jwenn nan paj 14.*

Sa se yon **kochon**.

Gende kochon ki gwo.

Gende kochon ki piti.

Kochon ka gen koulè **woz**, nwa, oswa mawon.

Gende kochon ki gen **tach**!

Kochon manje tout lajounen.

Tout kochon di, *oink!*

Lis Pawòl

Mo timoun rekonèt lè yo fèk kòmanse li

di	nwa	tout
gwo	piti	yon
manje	sa	
mawon	se	

Mo pouw Konnen

kochon

tach

woz

33 mo

Sa se yon **kochon**.

Gende kochon ki gwo.

Gende kochon ki piti.

Kochon ka gen koulè **woz**, nwa, oswa mawon.

Gende kochon ki gen **tach**!

Kochon manje tout lajounen.

Tout kochon di, *oink!*

Zannimo Pak Yo

KOCHON

CRABTREE Publishing Company

Ekri pa: Amy Culliford
Ki fèt pa: Rhea Wallace
Devlopman Seri a pa: James Earley
Korektè: Kathy Middleton
Konsiltan Edikasyon: Christina Lemke M.Ed.
Tradui pa: Jean-Pierre Gaston

Photographs:
Shutterstock: Irina Kozorog: cover (tl); Alexander Raths: cover (tr); ArtbyPixel: cover (b); ccpixxphotography: p. 1; Konmac: p. 3, 4-5, 14; sinagrafie: p. 7; C.Lotongkum: p. 9 (t), 14; Juan Aunion: p. 9 (b); acceptphoto: p. 10-11, 14; QiuJu Song: p. 12; Eric Buermeyer: p. 13

Library and Archives Canada Cataloguing in Publication

CIP available at Library and Archives Canada

Library of Congress Cataloging-in-Publication Data

CIP available at Library of Congress

Crabtree Publishing Company

www.crabtreebooks.com 1-800-387-7650

Printed in Canada/052021/CPC

 Nan Kanada: Nou rekonèt sipò finansye Gouvènman Kanada a atravè Fon Liv Kanada pou aktivite pibliye nou yo.

Pibliye Ozetazini
Crabtree Publishing
347 Fifth Avenue, Suite 1402-145
New York, NY, 10016

Pibliye nan Kanada
Crabtree Publishing
616 Welland Ave.
St. Catharines, Ontario L2M 5V6